구름의 하늘

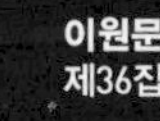

구름의 하늘

이원문 지음

책나무

| 차례 |

제3부

제4부

제1부

세월

봄은 가을을 모르고
여름은 겨울을 모른다
위와 같은 계절을
반대로 바꾸어 보면
바꾸어본 계절도
이와 같이 모른다

돌아가고 돌아오고
흘리고 남기고
그것이 다시
계절 따라 돌고 돈다
남기면 백 년 가나
흘리면 천 년 가나

넘치고 모자라도
한 백 년이요
남기고 흘려도
한 백 년인데
그 백 년도 못 되면서
천만 년을 어떻게 바라보나

일터의 가을

그늘 찾던 마음
양지가 보이고
그 곱던 단풍
낙엽 되어 구른다

일 년 한 해가
며칠 남았나
눈 감으면 집 걱정
뜨고 나면 직장 걱정

남은 것도 채울 것도
찢어보니 부족한데
얼마를 더 채워야
그 자리가 메워지나

해돋이에 끌려가
저녁 무렵 돌아온 몸
그렇게 몇십 년에
빈자리만 보이고

쳇바퀴에 걸린 세월
주름 띠 늘 더니

굵어진 손마디

손가락 굽어본다

연꽃

누가 나의 꽃을
아름답다 할까요
자라난 이 자리도
그렇게 보겠는지요

아름답다 한 이
아름다움의
자라난 그 자리도
나와 같았을까요

씻어 묻으니 흙이 되고
씻은 빗물 내리니
생명의 물이 되었지요
그 속에서 피어난 꽃이었고요

들국화 언덕

언덕 위에 피어난 노란 네 꽃
넝쿨에 숨어 향기 숨기던 날
나는 너를 찾지 못해
되돌아서야 했지

그리워 너를 찾아
다시 오던 날
네 향기에 처음을 알았고
너의 예쁨에 떠나지 못했지

지금도 못 잊어 찾아가면은
넝쿨 속에 숨은 너
찾을 수 있을까
못 잊을 그 향기 예쁜 너를

파란 낙엽

여름이 아쉬운 듯
물들일 줄 모르고
함께 섞여 떨어지니
굴러도 그날인가

놓친 그 순간 가을이 되고
오그라드니 낙엽인데
파란 잎 그대로는
꿈이 아니었는지

소꿉 그리움

먼 훗날 돌아오면
억새밭 찾을 거야
너의 모습 못 잊어
고향 언덕 찾아가고

둘이서 놀던 냇가
그네 뛰던 뒷동산
무엇인지 모르던 날
네가 그립나봐

예쁜 꽃 꺾어 달라
징검다리 건너 달라
나 이제 그때를 아나봐
소꿉 엄마 너의 모습에서도

은행잎

네 찾은 벌레
다가오지 못하고
그 세월도 너에게
얼룩무늬 못 들였다

상처 없이 보낸 세월
단 하나의 노란 무늬

석양에 황금빛
이웃 나무 시샘하고
앉은 새 한 마리
갸우뚱 날아간다

갈대의 일기

철새 저 - 멀리
잡아주지 못하고

외로워 찾는 이
기다릴 수밖에 없었다

아내의 가을

돌아보는 세월
나의 봄 어디 갔나
계절도 잃고
세월도 잊은 몸
씨앗 매달린
방초 이파리와
무엇이 다를까
주워본 낙엽
성한 곳 없듯
지나온 세월
언덕도 많았다
오늘을 모르고
꿈꾸던 봄날
여름은 가을을
알고 있었나
바람 차가우니
아이들 걱정
넣은 입의 것도
단것이 없다
올려본 하늘에
흩어지는 구름들
쓸쓸히 바람 불어

마음 빼앗기고
그 고운 단풍에
억새밭의 억새꽃도
이제 메마른 감정에
그림으로 그려질 뿐
마음 한 곳 추억만
사계절에 젖는다

억새꽃의 강

떠나간 철새
돌아오던 날
강기슭의 진달래
곱게도 피어였지

함께 떠난 강물은
돌아오지 않았고
떠난 강물은 영원히
돌아오지 않는 것일까

봄 안개에 숨은 꽃
보이지 않고
걷혀도 그 꽃
보이지 않는다

봄날에 여름날
사공의 땀
강바람에
식어 가던 날

돌아온 가을은
그렇지 못하고

물새만 하나둘
강 언덕을 넘었다

단풍 모은 날

그저 지나가는 계절에
아름답기만 했던 가을
어느 날인가
마음까지 단풍이 든다

둘러보는 산보다
더 아름다운 단풍
누구에게인가
보여 주고 싶고

그 잎 모아
보내 주고 싶은 마음
가을은 언제나
찾아가는 계절인가

텅 빈 이 마음
채워지지 않고
억새밭 석양에
바람만 스쳐 간다

단풍 길

그 곱던 단풍 하나둘 떨어지고
떨어진 낙엽 바람에 구른다
저렇게 힘없이 떨어지는 것을
잡아놓은 시간 무엇을 가르쳤나

한때는 그늘 되어 지나는 이 시원했고
앉은 새 감춰주니 불안하지 않았는데
마지막 춤 색동옷 그것이 모두였나
밟혀 부서지고 구르다 몰릴 것을

밤하늘

해는 뜨는 자리 지는 자리
날마다 다 다릅니다
달도 그렇고요

날마다 뜨는 해에
달은 그렇지 못하잖아요
비우고 채워야 뜨고 지잖아요

하늘의 해 날마다 뜨고 지듯
밤하늘의 별도 그러한데
달은 어찌 때 찾아 뜨고 지는지요

삶에서 보는 하늘 무엇을 가르치려 그러한 것인지
알려 줄 것이 있다면 그것이 무엇인지
사람만이 모르고 사는 것이 아닌지요

마지막 추억

얼룩진 편지에
그날을 지워 달라
이 낙엽 무늬에
마지막이 들어 있어

기억에 흐려지는
아름다운 날
정 하나에 미움이
모두 들어 있나봐

아직도 찾을 수 있는
별이 있다면
지금도 그 모습
그릴 수 있어

저무는 가을

양지 녘 풀벌레 울음
아직은 가을인가
찬바람에 곱던 단풍
첫서리에 오그라들고
귀뚜라미 슬며시
언제인가 가버렸다

단풍 한 번 못 들고
떨어지는 파란 낙엽
아쉬움에 떨어지는
색동옷 고운 단풍
들녘은 이미 바닥 드러냈는데
음지는 어제부터 제 색을 잃는다

차갑던 비바람이 이제 시리고
물도 차가워 손을 급히 떼는 가을
다가올 겨울은 얼마나 추울까
언덕배기 들국화
시들어 떨어지는 날
가랑잎 우수수 바람에 몰리겠지

둘이 걷던 길

이 길이었던가
바라보면 아니고
저 길인 것 같아
돌아보니 그 길도 아니다
시간이 흐르면
길도 흐려지는 것인가
모습도 가물가물
미소만 보이고
많은 이야기에 하나쯤도
기억이 없다

더듬고 더듬어 찾아보는 길
이 길인데 아닌 것은
무엇을 의미했나
굳이 찾는다 하기보다
추억에 걷는 길
옛날은 그렇게 미련을 덮어야 하나
찾아도 없고 그 길도 안 보이고
시간도 풀숲도 세월이 덮은 길
기억의 바위 하나로
옛 단풍을 모아 본다

돌담의 기억

그 시간만큼이나 흘러간 세월
나 어릴 적 보았을 때에는
높다란이 길었는데
지금은 낮고 왜 그리 짧아 보이는지
기울고 허물어지고 흩어진 돌들
돌에 낀 이끼 때 만큼
세월이 흘렀다는 것인가

저 담 밑 양지가 그렇게 따뜻했었는데
둘레에 냉이도 많이 돋아나
빈 나물바구니를 채워 주었고
지금은 모두가 잃어버린 날들
몇 가닥 얹진 담쟁이 넝쿨
담 볕에 졸며 빨갛게 물들이고
그해의 봄볕 쬐던 나를 기다린다

가랑비의 가을

희뿌연 이 옅은 구름
마음 울적하고
머릿결 젖는 듯
조용히 내린다

굴러도 소리 없는
떨어진 낙엽들
뒤돌아보는 이
무엇을 잃었나

옷 젖는 줄 모르고
마음만 젖는 길
쓸쓸한 바람
옷깃에 스며든다

낙엽의 시간

그렇게 흐르는 것이
덧없는 세월인데
네 무늬 들기 까지
며칠이었니

움 돋는 날부터
걷혀간 시간들
너의 시간에
무슨 일이 있었고

산 넘는 구름도
흐르는 강물도
밤낮으로 본
너희들이었건만

오늘도 말 없기
그지없구나
떨어진 네 잎은
그 마음을 아는지

빈집

기울고 내려앉고
무너진 돌담
지붕 썩어 풀 자라니
그래서 빈집인가

그을린 부엌에
손때 묻은 기둥들
석가래 튕겨 나와
비바람에 썩어들고

흔적에 때 묻을까
거미줄이 가린 집
우물 둥치 저 많은 풀
무엇을 기다리나

누가 살았고
어느 아이가 자랐는지
기쁨과 슬픔도
함께 살았을 것인데

제2부

가난의 사랑

보이는 것은
눈 안의 사랑이기에
감은 눈의 것은
마음의 사랑이
아닐는지요
보이는 사랑보다
감은 눈의 사랑이
더 아름답고요

눈 안의 사랑
마음 흔들고
흔들리는 마음
욕심을 부르니
널뛰는 비교에
그 진실을 잃고요

어두우면 지워질
눈 안의 사랑
어두워도 채워 가는
마음의 사랑이
더 값진 진실한
사랑이 아닐까요

11월의 뜰

가을은 가을인데
가을도 아니고
겨울도 아닌
끝자락의 가을 끝
구름 끼어 찌푸리니
마음부터 추워진다

이리저리 휘저으며
곤두박질치는 낙엽
한 번의 바람에
우수수 떨어지고
더 큰바람으로
지붕 위로 올라간다

돌 틈에 낀 낙엽
누가 꺼내어 줄까
떨어지는 것이 아니라
털어지는 낙엽들
그사이 여기저기 가지 드러나고
추워 문 닫으니 찬바람 따라 온다

어머니의 별

어두워도 낙엽은
떨어져야 하는 것인가
저 하늘에 별도 많다
에미도 아이도 함께 우는 밤

아침나절 찬 젖에 체했나
돌림병에 어디가 불편한가
업어도 울고 안아도 울고
이 에미가 잘못했다

의원 집 할아버지
안 계시면 어떻게 하나
뜨거운 몸에 보채는 아이
첫닭 울기는 아직 먼 시간인데

시래기

저놈의 영감이 오늘은 어디 안 가고
집안을 빙빙 돌며 저렇게
잔소리만 끓여 붓나
그 잘 가던 주막거리도 안 가고
주막거리 그 여편네한테
한때는 그렇게 미쳐 잘 가더니
옷도 가다마이로 싹 빼입고

할머니께 야단맞는 할아버지
오늘은 무엇인가 생각이 깊으시다
며칠 전 짚 추려 놓던 할아버지
지게에 짚 서너 단 얹어 놓더니
서낭당 텃밭으로 뒤도 안 돌아보고
막걸리 한 병 들고 가신다
누가 볼까 그러시나

지게 내려놓고 여기저기 둘러보시며
한참이나 깊은 생각에 잠기신 할아버지
김장갈이 할 때 주막집에 계셨던 할아버지
풀 한 포기라도 뽑은 것처럼
무밭에 들어가시더니
무 이파리 젖혀 한 지게 지고 나오신다

서리도 마르고 새파랗게 깨끗하기도 하고

낙엽 지는 먼 산 바라보는 할아버지
여러 자식 두었어도
딸네 내만 생각하신다
셋 딸네 내에 만 걸리는 할아버지
그 어려운 시절에 일만 시키고
잘 못 해 먹여 입히지도 못한 죄에 딸아이들 줘야 할
무 잎에 세월도 엮고 근심 걱정도 엮어

텃밭 나무에 여기저기 매달아 놓고
한 잔 술 취중에 주막집에 갈
막걸리 값도 생각하신다
북만 산천 떠날 때
이 길을 거쳐 가야 할 노잣돈은 누가 보탤까
저녁 무렵 빈 지게로 석양 길에 접어든 할아버지
세월을 밟으며 저녁연기 바라본다

산사(山寺)의 낙엽

풍경이 알려주는
바람 소리에
흐르던 물소리
흐려지는구나

억겁을 그렇게
또 그렇게
여름날 병든 잎이
오늘을 알겠는가

법당 안 낙엽 한 잎
두서너 번 구르더니
그 소리 멈추고
조용히 잠이 든다

낙엽의 양지

어느 나무의 낙엽이

여기까지 날아왔나

음지가 추워 바람이 데려왔나

그 세월이 아쉬워 양지를 찾았나

겨우살이 파란 풀은

오는 봄이 있는데

오그라든 이 낙엽은

무엇을 기다리나

가랑잎

찾던 새 잃고

나뭇가지 놓치니

다시는 못 오를

그날들이 꿈이었나

이 자리에 앉기까지

그 잠깐의 시간을

이제 굴러야 하고

몰려야 하는 것인지

억새꽃의 바다

파도에 묻혀버린
그 많은 이야기
해변의 가을은
쓸쓸한 것인가
몇해 전 찾아도
찾아온 오늘도

소스라친 물거품
부딪혀 부서지고
부딪친 물거품
옛날을 떠올린다
해당화 꽃 피던 날
마주 보며 걷던 길

바위 뒤에 꼭꼭 숨어
누구의 이름을 불렀나
안 보이던 억새꽃
석양에 외롭고
솔밭의 그 바람
옷깃을 여미어 준다

아내의 달

전해 들은 소식에
잠 안 오는 밤
장독대 찾아
열나흘 달 바라보니

힘없이 떨어지는
담 너머의 감나무 잎
깊은 잠의 식구들
나 여기에 있는 줄이나 아는지

떠밀어 온 시집
친정 엄마 걱정되고
나만이 아는 엄마의 병
끼니는 제대로 차려 드시나

나뭇광에 솔가지
훤히 들여다보이고
깨어진 이맛돌
부지깽이 부른다

먼 나라

남겠다고 남은 잎
그대로 있던가요
세상은 혼자일지도 몰라요
홀로 가야 하고요
보고 들음에 이웃이 있었고
옆에 있으니 채워야 했던 것 아니겠어요
있어도 나의 것이 아님을
겉돌고 홀로 남기 싫어
채우려 했던 것이고요
서 있는 자리의 구성원이 되고자
주고받은 것이 아닌지요
다 털고 내려놓으니
누가 있던가요
가까운 식구부터 눈 돌릴 것이고
가치가 없다면 그다음에는
이웃이겠지요

산골 아이

보이는 산이 늘 그렇듯
하늘의 구름도 변함없다
냇가에 흐르는 물
파란 들녘 황금 들녘
어느 것 하나 변하는 것 없고

꽃 피는 계절에 단풍의 가을이어도
쌓이는 눈까지 춥기만 하다
무뎌진 어린 가슴에 스며드는 아름다움
먼 훗날 모두 추억에서 만나려나
밭둑길 억새꽃 포근히 잠이 든다

나무의 가을

털어낸 낙엽인가
떨어진 낙엽인가
털어도 네가
턴 것이 아니고
떨어져도 네가 놓아
떨어진 것이 아니다

단풍이 들기까지
그 짧은 시간
비바람에 시달리며
새 앉힌 시간
털어내려 한 것도 아니고
떨어뜨리려 한 것도 아니다

외로운 보름달

구름 속 보름달
언제 벗어나려나
가려 놓은 구름
비켜서지 않고
비켜설 듯 위 구름
다시 가린다

저 구름 비켜서면
어머니도 볼 수 있고
뛰어노는 아이들과
냇가 찾아가는데
비켜서지 않는 구름
이 마음 몰라준다

타향의 낙엽

빈 주머니의 타향살이
입맛과 같은 세상
고달픈 운명의 길
끝은 어디인가
나뭇가지에 걸친 마음
옷 얇아 더 춥고
몰려든 가랑잎
밟혀도 잠든다

날아서 모여들고
굴러서 모여들고
모여든 이 낙엽은
여기가 끝인데
타향살이의 이 몸은
더 굴러 가야 하는 것인가
찾는 곳 없이 가야 하는 길
허기에 날 저물고
저녁연기 흩어진다

도라지꽃의 노을

얇은 언덕 저 멀리
바라보면 넓은데
자라난 개울 안은
왜 그리 좁았던가

살던 집도 좁았고
마을도 좁았다
가난한 인심이
늘 그렇듯

남긴 상처 낫지 않아
뒤돌아보는 언덕
디딘 발에 삼킨 눈물
날 저문다 재촉한다

첫 얼음

벗어야 할 초여름은
옷 걱정이 없는데
첫얼음의 추울 겨울
그 걱정이 앞선다

궤짝 속의 옷가지
훤히 들여다보이고
아이들 춥다는 듯
아랫목에 발 묻는데

어미는 그럭저럭
꿰매어 입어도
싫다 하는 아이들
무엇 입혀 내보내나

그나마 얻어 온 옷
꿰매었다 내던지고
큰놈 작은놈 투정에 막내까지
고무신 찢어졌다 하루 종일 칭얼댄다

여자의 길

나는 여자가 아닌 딸이에요

붙여지고 붙여질 이름이 아무리 많아도

이 집의 딸로 남고 싶어요

여기의 이 문밖 떠나면

또 다른 이름이 붙여지겠지요

우리 엄마처럼요

보았듯이 그렇게 살아야 하고요

걷는 길만 길인 줄 알았어요

남고 싶어요

여물지 않은 씨앗

냇가를 오르며
이리저리 둘러보니
끊기고 시들고
주저앉고 썩어가고
냇물도 줄어들어
고인 물이 썩는다

훑어본 씨앗
다 같지가 않았다
시드는 꽃잎도
낙화 된 만 못하고
그대로 붙어
말라 가고 있었다

물이 없어서가 아니라
때맞춤의 비극이다
끝자락의 가을이란
이런 것인가
사람도 세월 앞에
이 무엇과 다를까

사랑방의 운명

오늘은 마실꾼이 몇이나 되려나
말린 짚가리들은 다들 꼭꼭 눌러 놓았는지
그 집 언년이 아범도 오겠지
문밖 내다보시는 어르신
저 나무 위 까치 짖는 것으로 보아
곧 모일 때가 됐는데

쇠죽 쑤느라 늦나 아침을 안 먹었나
혼자 중얼거리며 문 닫으시는 어르신
어젯밤 둘째의 막내 놈 짝지어 줄 걱정에
밤잠 설치시고 누구인가를 기다리신다
오며 가며 보아둔 며느릿감의 언년이
언년이 에비가 오늘따라 늦으려나

어르신 한참의 기다림에
마지막 마실꾼으로 언년이 아버지가 문을 연다
어르신 진지 드셨어요 하는 인사말에
내 오늘 저 언년이 에비하고
꼭 할 말이 있으니 자네들 자리 좀 비켜 주게나
하며 먼저 온 마실꾼을 내보내신다

언년이 아버지 부쳐 먹던 논 떨어질까

걱정도 되고 한편으로는 불안해한다
무슨 말씀을 하시려나
자네 아침은 먹었는가 쇠죽은 쑤었고
언년이 아범 자네 내 말 듣게나
없는 것이 뭐 그리 큰 죄인가

내가 자네에게 다른 말을 하려고 하는 게 아니라
자네 큰딸 언년이 우리 막내 놈하고 짝지어주지 않겠나
내 힘들여 자네에게 말하는 것일세
그리하면 다랑논 부쳐 먹던 것
나 죽을 때까지 그냥 부쳐 먹고
쌀도 서너 가마니 줄 것이니

그리고 내 죽을 때 그 논 그냥 줄 수도 있네
그리하게나 내 말 듣게
내가 많아 뭐하나 이럴 때 쓰지
그 아이 또렷또렷하게 잘 가르쳤어
인사성도 밝고 착하기도 하지
다른 계집아이들 하고 다르던데
이때나 저 때나 없는 것이 죄인지라
부잣집 사돈에 그 집 며느리로 보내고 싶은 부모의 심정
그날 밤 언년이 부모 첫닭 우는 줄 모른다

소나무의 고향

구르던 낙엽
지쳐서 멈췄는데
멎지 않는 옛 바람
그 세월 부른다

소나무에 스치는
못 잊을 칼바람
솔가리에 묻은 꿈
불태워 주었나

묻은 꿈 다시 묻자
누더기 입히더니
자라난 집 찾아
문풍지 울린다

제3부

사연의 뜰

달도 밝다
별도 많고
가슴에 담는다면
다 담을 수 있을까

이 한밤 담고 싶은
저 많고 많은 별
사연을 올려도
저만큼 되려나

어둠의 낙엽은
한순간인데
높고 낮은 기러기 울음
길고 멀구나

가을의 겨울

나뭇가지 추워
어떻게 하나
구겨져 남겨진 잎
바람에 떨고
춤추는 버드나무
그 잎새 그대로다

가을을 잃으면
그 춤 멈추려나
귀 찢는 낙엽 소리
겨울바람 부르고
아직은 가을인데
억새꽃 흩어진다

고향의 연기

우리 집 연기는
보이지 않는데
건넛마을 저녁연기
모락모락 오른다

허기의 아침 연기
저녁연기에 서럽고
외딴집 내 친구네
저녁은 먹었는지

먼 훗날 그 세월을
어떻게 읽을까
노을 진 겨울 저녁
저녁연기 끓는다

따오기의 달

흘러간 세월에 묻혀간 시간들

밭둑 풀숲 뒤적이며
무엇인가 찾는 아이들

논둑길 따라
개구리 잡는 아이들

아버지 무서워
꼴짐 지고 우는 아이

고무신 잃었다
냇가에서 우는 아이

노을 길 따라
소 몰고 오는 아이

울고 웃던 그 시절의 아픔인가
따오기의 달 속에 모두가 들어 있다

겨울 하늘

누구의 연이 저리도 높이 떴나
머리 위 하늘 높이
이리저리 맴돌고
앙상한 나뭇가지
추위에 떨고 있다

꼬리 없는 방패연은
저리 높이 오르나
짚가리 양지 녘
닭 나들이에 바쁘고
사랑 찾는 장닭 암탉 괴롭힌다

두서너 번 끝으로
꿩 우는 소리
산 넘어온 매 한 마리
넘어온 산 넘어가고
흐르는 구름 함께 따라 넘는다

간이역의 그날

쓸쓸한 바람의
못 잊을 기억인가
막차로 떠나는
마지막 사랑인가

펴지 못한 굽은 날
곧은길로 보내고
멀어져간 인연 앞에
돌아서지 못했다

가슴으로 울고
손으로 울던 날
인연도 사랑도
목메어 울었다

겨울 노을

몸도 춥고
마음도 춥다
바라보는 마을
저녁연기 피어오르고

해 떨어진 서쪽 하늘
노을빛에 물든다
시린 노을만큼이나
쓸쓸한 마음인가

외롭고 서글픈
노을의 저녁인가
어둠에 갇히는 나뭇가지 외롭고
불어오는 바람 집으로 가자 한다

세월의 노을

버리는 줄 알았던 세월
다시 와 찾으려 하나
여기 이 하늘의 구름도 아니고
바람이 굴리는 낙엽도 아니다
그저 가자하는 대로
여기까지 왔는데
다시 가야 할 길이
더 남아 있단 말인가
청춘도 잃고 그 시간도 잃었다
그 며칠의 행복은
한숨 따라 가버리고
남은 길이 있다면
어디로 가야하고
따라간다 해도 힘이 없구나
신발 끈 고치려 굽혀 본 허리
두 팔이 짧은가 허리가 굳었나
덧없는 세월 속절없구나
세월아 이제 그만 쉬어가면 안 되겠니
저 노을 지면 밤이 될 것인데……

한(恨)

들리는 새소리
알아듣지 못하고
물소리 못 듣고
손을 씻는다

산 넘는 구름에
돌아보는 인생
무엇을 느끼고
허무하다 했나

흐르는 강물도
흘러간 세월도
눈 안의 것 씻느라
바람 소리 빌린다

한숨

이 세상에 태어나면
모두가 가야 한다
피는 꽃에 물방울은
떨어져야 하고
지는 꽃에 물방울은
젖어들어야 한다

꽃이 피면 피는 줄 아나
낙화 될 꽃이 낙화 되는 줄 아나
모르고 왔다
모르고 가는 인생
돌아보면 무엇하고
바라보면 무엇하나

아가의 뜰

별 하나
나 하나

별 둘
나 둘

별 셋
나 셋

등에 업힌 아이
별 셋에 잠들고
별 넷의 어머니
뒤돌아보았다

뚝배기의 밤

바람도 많이 분다
저녁연기 헤치더니
문까지 흔드네
아궁이를 막아야 하나
부엌문을 닫을까

안 막고 안 닫으면
괭이(고양이)가 들어가
우환이 끓겠고
개 들어가 안 나오니
그대로 태울 것인데
장에 간 서방님 왜 안 오시나

주막집에 묵다 늦게 오려나
아니면 어머님 몰래
친정집에 들리려나
자정이 넘어도 인기척 없고
건넛마을 호롱불만 가물거린다

찔레나무

그리워 바라보며

외로워 찾는 이

네 꽃 보고 싶어

그 산기슭 오른다

양지 녘 곤히

잠이 든 찔레야

네 열매에 묻은 꿈

오는 봄이 아는지

동무의 집

네 모습 그리워
찾아간 너의 집
쓰러진 빈집에
그을림만 남았어

수수깡 울타리는
풀숲으로 변했고
일그러진 싸리 대문만
나둥그러져 너를 찾았지

벼 이삭 줍던 들
지게 지고 오르던 산
저 멀리 네가 부르는 듯
너와 나의 양지만 그대로였지

겨울비

내리는 비 부슬부슬
나뭇가지 서글프고
함박눈 내리면
앉은 새 외롭다

눈이라도 쌓이면
포근할 것인데
겨울 문턱은 언제나
쓸쓸한 것인가

매달린 나뭇잎
가지에서 떨고
떨어진 가랑잎
세월에 젖는다

후회의 밤

지나온 길목에
지냈던 일들
누구를 만나
무엇을 하셨나요

적고 많은 인연에게
얻고 잃음이 있을 것인데
그 시간에 그것들을
오늘이 바꿔 놓지 않던가요

운명의 징검다리
저 건너편
세월이 기다리며
무엇을 하던가요

겨울 상처

눈이라도 내리면

포근할 것인데

빼앗긴 양지 녘

바람이 훑어가고

훑는 바람 피하려

짚 모퉁이 찾으니

앉은 새 날아가고

나 홀로 떨었다

추억의 꿈

아직 나를 사랑 하나요
잊은 것은 아니겠지요
아름다운 날의 기억도
먼 훗날의 행복도
모두 잊지 않으셨지요

우리 인연의 끝자락
그날처럼 처음이라면
나 다시 그리워해도 되나요
보고 싶은 날처럼
기다려도 되고요

아욱 밭

할머니는
가을 끝 무렵인 오늘
텃밭에 나가시더니
마디 자란 가을 아욱을 뜯어
마루에 놓고 다듬으시면서

아버지에게 애 아범아
저기 산자락 웅덩이에 가서
새갱이(민물새우) 좀
건져 오라하신다
그리고 문간 큰 문을
자주 살펴보신다

모자란 세월

꽃 찾는 벌 나비
기다려서 찾았나

계절에 피는 꽃이
피고 싶어 피었고

다 그렇게 마련이고
스치는 인연인데

세월은 무엇을
길고 짧다 했나

제4부

겨울 길목

조용한 세상
숨죽인 세상
떨어진 낙엽
흰 눈에 덮인 세상

허공의 나뭇가지
구름 보며 어지럽고
앉은 까치 두리번
아랫마을 바라본다

두서너 번 짖는 소리
사람이 그립구나
문간방 할머니
문틈으로 내다본다

겨울 꽃

너의 꽃 민들레야
날씨는 잘 알면서
계절은 잊었는지
양지 녘 네 노란 꽃
곱게도 피었구나

지난밤 네 피어난 곳
바람은 없었는지
짓궂은 구름이
가리지 않았는지
양지 녘도 이제 추울 것인데

낙엽의 향기

누가 저리 낙엽을 태우나
지나는 발걸음 자연스레 멈춰진다
바람이 이리 불면 짙게 풍겨오고
그 반대로 불면 흐리게 스쳐 간다

구별되는 향기에 섞여진 옛날들
추억에서 아픔까지 향기로 기억되나
마당 쓸어 태우고 아궁이에 불 지피고
그 내음 그대로 코끝에 머문다

고향의 눈

내리는 함박눈
언제 멈출까
목화송이 떨어지듯
발자국 덮여 가고
검둥개 기뻐하며
허리춤에 오른다

마당에 내리는
즐거운 함박눈
입 벌려 입에 넣고
뜬눈으로 눈에 넣고
딛지 않은 새길 따라
하늘 높이 올려본다

기억의 어머니

어머니의 품 안
마음 따뜻하고
고무줄 정 저 멀리서
화롯불 담아온다
어머니의 솥가리
부지깽이 솥뚜껑
힘든 삶에 떠오르는
어머니의 것

어머니의 사랑에
그렇게 자라났나
힘들면 다가오고
바쁘면 멀어지고
자식 낳아 길러보니
이것이 엄마였고
어머니 정 그리워
촛불 밝혀드린다

어둠으로 가는 길

밝음에서 보았다면
무엇을 보았나요
어둠에서 못 본 것이
무엇이었고요

어두워 못 보았다
찾아 헤매던 날
밝아도 못 본 것을
찾기는 했나요

꿈같은 며칠이
지워지며 스쳐 가면
밝음도 그렇게
어둠 따라갈 것인데

어느 나라의 미래

물 없이 기름이 뜰 수 없다

맑은 물 흙탕물 끓는 물 찬물

기름은 뜨기 위해 가리지 않았다

노을의 바다

먼바다 저 멀리
어둠이 가리고
가까이 해 떨어져
노을빛에 물든다

어려서 본 섬이나
커서 보는 섬이나
하루 한 번 몇 번을
저 노을에 물들었나

파도만이 알고 있는
노을 진 바다
다녀 간 이 찾아온 이
쓸쓸히 돌아선다

고향의 그림자

두고 온 그림자
봄가을 그림자는
기억에 희미한데
여름 겨울 그림자는
가슴 속에 남아 있다

내 키와 같으면
점심때가 되고
산자락에 늘어지면
저녁때였다
아침 그림자는 잃어버리고

허기에 시간 맞추던 날
여름날의 그림자
뱃속으로 스며들고
겨울날 산 그림자
아궁이로 숨었다

국밥집

아짐니 저 왔어요
그래 어서 오너라
요새 한참을 안 보이더니
오랜만에 들리는 것 같은데
내가 알기로는 서너 날쯤 됐지
네 아짐니 어디 좀 들리느냐고요
계집 얻은 것은 아니고 네
뭔 일 있나 걱정했어
뭐 별다른 일 없고
네 아짐니 아무 일 없어요
오늘은 뭐 먹으려고
술이나 한 잔 주세요
그놈의 술은 날마다 먹어
뭐 많이 먹나요 잠이 안 오니까
한 잔씩 먹는 건데요 뭐
그래도 그렇지 조금씩 먹어야지
그놈의 계집들이 없어서 그렇지
아니에요 아짐니 그냥 잠이 안 와요
사내놈들은 그저 계집이 있어야 한다니깐
내가 봐둔 계집이 있는데
마련해줘 참 참한 계집이던데
어쩌다 그렇게 됐는지

그 팔자나 내 팔자나 다름없지
나는 이제 늙어서 오고 갈 데가 없지만
그 계집은 아직 세월이 남았어
자네가 데리고 가면 딱 맞을 것 같은데
싫어요 여자라면 데어서 싫어요
뭐 그런 계집이나 만나고 다니니까 그렇지
이 계집은 안 그래 고생을 하도 많이 해서 다른 계집과 달라
내숭 떨지 말고 만나봐
잘못되면 이 늙은이가 책임질게……

국밥집 아주머니와 오고 가는 대화
세상은 참된 인연의 꽃으로
정과 사랑과 희생 그리고 봉사로
살아가야 하는 것인데……

멧갓의 달밤

새벽 첫닭 울 무렵

내 동생 떠나던 날

우리 엄마 곡소리에

앞산 여우도 함께 울었다

겨울밤

겨울밤 긴긴밤
부엉이 우는 밤
두 번 잠 깨어도
첫닭 울음 안 들리고
등잔불 가물가물
아랫목 식힌다

다시 찾는 긴긴밤
부엉이 우는 밤
화롯불 꺼질 무렵
첫닭 울음 들려오고
배고픈 아이
에미 품 파고든다

송년

몇 해 전 송년은 한해만 저무는데
갈수록 저무는 해 인생도 저문다
마지막 달 서른하나
저 달력 넘기면 또한 해가 가는 건가
아니면 남은 날이 줄어드는 것인가

미루나무 위 앉은 까치 알고 있으련만
날 저물어 해 기울도록 무엇을 바라보나
이제 한해가 그 한해가 아니고
들리는 바람 소리 차갑기만 하구나

겨울 사랑

소복이 쌓인 눈
나 어디쯤 왔나
돌아보는 발자국
저 멀리 멀어지고

누가 부르는 것 같아
다시 뒤돌아보면
아무도 없는 길
눈시울 적셔진다

삶의 겨울

쌓인 눈 소복이
흔적 없는 하얀 세상
고요한 달빛
뜨락에 흐르고
처음 같은 세상
모두가 하얗다

거미줄에 매달린
한낮의 아우성
덧칠된 색깔은
누구의 욕심인가
내린 눈에 덮여도
그대로 걸쳐 있다

추억의 반찬

아십니까
그때를 아십니까
우리는 그렇게
그렇게 먹고 살았습니다

시대가 홍보는 우리의 반찬
누에가 솔잎 못 먹습니다
송충이가 뽕잎 못 먹고요
우리는 우리의 것을 먹어야 삽니다

바꿔 먹고 병 얻어 병원 찾는 사람들
부작용도 모르고 쨌다 뺀다 아우성의 소리들
면역이 없어서 병과 싸우는 사람들
이 모든 것이 우리의 것에 있다는 사실을 아십니까

송년의 그리움

허공의 나뭇가지
보내는 한해에 서운하고
되돌아보는 마음
그 세월에 허무하다
여기 이 자리에 오기까지
몇 번의 언덕을 어떻게 넘었나
넘을 때면 지는 해에 하루를 얹었고
보내는 한 해에는 괴로움을 얹었다

괴로웠던 일 즐거웠던 일
미운 사람 고마운 사람들
모두 떠오르니 마음 아프고
못 갚은 은혜에 미안하기만 하다
이제 또 한 해 저물어가는 것인지
못 갚은 은혜 언제 갚아야 하나
잊어야 할 상처와 고마운 사람들
저무는 허공 어둠이 가린다

구름의 송년

몇 굽이 넘어온 산
이산 넘으면
어느 곳에 닿을까
내려 보는 세상
모두가 조용하고
흐르는 강물 말이 없구나

건너는 강 나루터에
잠이 든 나룻배
떠나지 못하고
묶여 있어야 하는지
석양의 철새
지는 해 바라본다

바람 소리

계절 따라 부는 바람
누구의 귓가에
어떻게 들릴까
몸으로 느껴도
소리가 바꿔놓고
마음까지 스며들어
울고 웃지 않겠나

들리는 그 소리
감정에 따라 다른 소리
봄날에 왔다
가을에 가버리고
시원했던 여름날이
겨울에는 어떻겠나
겨울도 여름 되는 그 바람 소리

몫 찾는 꽃

꽃이 있어 앉았나
날아오니 앉혔나
대가의 몫으로
보내고 오는 사랑

앉기는 앉았는데
가려서 앉고
앉혀도 몫 좋으니
골라서 앉혔다

거미줄 정 찾아
껍데기 꽃에 끌린 사랑
거짓 표정 몫 찾는 꽃
적어도 앉히던가

이 도서의 국립중앙도서관 출판예정도서목록(CIP)은 서지정보유통지원시스템
홈페이지(http://seoji.nl.go.kr)와 국가자료공동목록시스템(http://www.nl.go.kr/kolisnet)에서
이용하실 수 있습니다. (CIP제어번호 : CIP2017005733)

초판 1쇄 발행 2017년 3월 27일

지은이 이원문 **펴낸이** 임정일
책임 임병천 **편집** 김지해, 김수경 **디자인** 이동헌

펴낸곳 책나무출판사
출판신고 2004년 4월 22일(제318-00034)

주소 서울시 영등포구 신길3동 325-70 3F
전화 02-338-1228 **팩스** 0505-866-8254
홈페이지 www.booktree.info

ISBN 978-89-6339-516-6 03810